内蒙古自治区地方标准

公路波纹钢管(板)桥涵工程质量检验评定标准

Quality Inspection and Evaluation Standards of
Corrugated Steel Pipe and Plate for Highway
Bridges and Culverts

DB 15/T 1276—2017

主编单位：内蒙古交通设计研究院有限责任公司
批准部门：内蒙古自治区质量技术监督局
实施日期：2018 年 01 月 15 日

人民交通出版社股份有限公司

图书在版编目(CIP)数据

公路波纹钢管(板)桥涵工程质量检验评定标准:
DB 15/T 1276—2017 / 内蒙古交通设计研究院有限责任公司主编.—北京:人民交通出版社股份有限公司,2018.3
ISBN 978-7-114-13144-8

Ⅰ.①公… Ⅱ.①内… Ⅲ.①公路桥—波纹管—桥涵工程—质量检验—评定—地方标准—内蒙古 Ⅳ.①U448.14-65

中国版本图书馆 CIP 数据核字(2018)第 047791 号

标准类型:	内蒙古自治区地方标准
标准名称:	公路波纹钢管(板)桥涵工程质量检验评定标准
标准编号:	DB 15/T 1276—2017
主编单位:	内蒙古交通设计研究院有限责任公司
责任编辑:	李　沛
出版发行:	人民交通出版社股份有限公司
地　　址:	(100011)北京市朝阳区安定门外外馆斜街 3 号
网　　址:	http://www.ccpress.com.cn
销售电话:	(010)59757973
总 经 销:	人民交通出版社股份有限公司发行部
经　　销:	各地新华书店
印　　刷:	北京市密东印刷有限公司
开　　本:	880×1230　1/32
印　　张:	0.75
字　　数:	18 千
版　　次:	2018 年 3 月　第 1 版
印　　次:	2018 年 11 月　第 2 次印刷
书　　号:	ISBN 978-7-114-13144-8
定　　价:	20.00 元

(有印刷、装订质量问题的图书,由本公司负责调换)

目　次

前言 ·· Ⅲ

1　范围 ·· 1

2　规范性引用文件 ·· 1

3　术语和定义 ·· 2

4　验收程序及评定方法 ·· 2

5　一般规定 ·· 2

6　基础或砂(砾)垫层 ··· 3

7　主体结构构件 ·· 5

8　波纹钢管(板)桥涵安装 ·· 7

9　波形钢板洞口 ·· 8

10　锥坡、护坡 ·· 9

11　结构性回填 ·· 9

12　施工完成后波纹钢管(板)桥涵总体检查 ················· 11

附录A(规范性附录)　分项工程质量检验评定表 ············ 12

附录B(规范性附录)　分部工程质量检验评定表 ············ 16

Ⅰ

前言

本标准按照 GB/T 1.1—2009 给出的规则起草。

本标准由内蒙古交通设计研究院有限责任公司提出。

本标准由内蒙古自治区交通运输厅归口。

本标准主要起草单位：内蒙古交通设计研究院有限责任公司、京新高速公路临河至白疙瘩(阿拉善境内)建管办、北京交通大学、河北腾是达金属结构有限公司、中交二公局上海远通路桥有限公司。

本标准主要起草人：王仝录、杜子义、刘保东、刘瑞、贾一兵、张俊、周可哥、张宁、高延奎、郭锋、穆少华、刘志罡、李海潮、王进田、马广路。

公路波纹钢管(板)桥涵工程质量检验评定标准

1 范围

本标准规定了公路波纹钢管(板)桥涵工程质量检验评定,包括术语和定义、验收程序及评定方法、一般规定、基础或砂(砾)垫层、主体结构构件、波纹钢管(板)桥涵安装、波形钢板洞口、锥坡、护坡、结构性回填和施工完成后波纹钢管(板)桥涵总体检查。

本标准适用于公路波纹钢管(板)桥涵工程质量检验和验收评定。

2 规范性引用文件

GB/T 700	碳素结构钢
GB/T 706	热轧型钢
GB/T 709	热轧钢板和钢带的尺寸、外形、重量及允许偏差
GB/T 1230	钢结构用高强度垫圈
GB/T 1231	钢结构用高强度大六角头螺栓、大六角螺母、垫圈技术条件
GB/T 2518	连续热镀锌钢板及钢带
GB/T 3632	钢结构用扭剪型高强度螺栓连接副
GB/T 13912	金属覆盖层 钢铁制件热浸镀锌层 技术要求及试验方法
JTG F80/1	公路工程质量检验评定标准 第一册土建工程

JT/T 710 公路桥涵用波形钢板
JT/T 791 公路涵洞通道用钢波纹管(板)

3 术语和定义

下列术语和定义适用于本文件。

3.1
公路波纹钢管(板)桥涵 corrugated steel pipe and plate for highway bridge and culvert

用螺旋波纹钢管、环形波纹钢管或波纹钢板件连接形成波纹钢板桥涵之后,周边用结构性回填材料回填压实,以保证充分发挥土-结相互作用共同承担荷载的结构物。

3.2
楔形部位 wedge position of structures

构造物左右两侧的楔形回填部位。

3.3
基础顶面高程差 elevation difference of the top surface of foundation

开口截面左右两侧基础顶面的高程之差。

4 验收程序及评定方法

工程质量评分项目及评分制度按照标准 JTG F80/1 第3.1条确定,工程质量评分方法按照标准 JTG F80/1 第3.2条确定,各分项工程基本要求、实测项目、外观鉴定按照本标准第6章至第12章的规定确定,按附录A和附录B进行评定。

5 一般规定

每道公路波纹钢管(板)桥涵为一个分部工程,包含基础或砂(砾)垫层、主体结构构件、波纹钢管(板)桥涵安装、洞口、结构性回填和施工完成后波纹钢管(板)桥涵总体检查等分项工程。

各个分项工程的权值见表1。

表1 分项工程权值

分项工程	基础或砂(砾)垫层	主体结构构件	波纹钢管(板)桥涵安装	波形钢板洞口	锥坡、护坡	结构性回填		施工完成后波纹钢管(板)桥涵总体检查
						楔形部位	其他部位	
权值	2	3	3	1	1	3	3	2

6 基础或砂(砾)垫层

6.1 基本要求

6.1.1 公路波纹钢管(板)桥涵基础分为闭口截面结构物的砂(砾)垫层和开口截面结构物的基础。

6.1.2 闭口截面结构物的波纹钢管不得直接置于岩石地基或混凝土基座上,应在管节和地基之间设置砂(砾)垫层或其他适宜材料。砂(砾)垫层厚度和材料应符合设计要求。

6.1.3 开口截面结构物拱座支承面的宽度应不小于波形钢板的波幅尺寸。

6.1.4 基坑平面尺寸应满足设计地基处理范围。

6.1.5 基础应置于同一土层上。地基承载力应不低于设计要求。

6.2 实测项目

各实测项目具体检验方法见表2与表3。

表2 闭口截面结构物砂(砾)垫层实测项目

序号	项目	规定值或允许偏差	检验方法和频率	权值
1△	砂(砾)质量	含泥量应小于5%;最大粒径应小于50 mm	观察检测和检查试验记录:随机抽查10处	3
2△	垫层压实度	应符合设计要求	随机抽查不少于3处	3
3	表面平整度	≤15 mm	3m直尺:随机抽查不少于3处	2
4	标高	±20 mm	水准仪:随机抽查不少于3处	2
5	涵底纵坡(高程)	≤20 mm	水准仪:随机抽查不少于3处	2
6	厚度	±20 mm	钢尺:随机抽查不少于3处	2

表3 开口截面结构物基础实测项目

序号	项目	规定值或允许偏差	检验仪器、方法和频率	权值
1	基础边缘距设计中心线尺寸	±50 mm	间距20 m检查1点,每边检查不少于3点	1
2△	基础顶面高程	±20 mm	水准仪:每10 m² 检查1点,但不少于8点	3
3	平整度	≤5 mm	3 m直尺:每10 m² 检查1点,但不少于8点	3
4△	混凝土强度	符合设计要求	按JTG F80/1中的规定进行检测	3
5	混凝土厚度	不小于设计值	尺量:抽查3个断面	2

6.3 外观鉴定

6.3.1 砂(砾)垫层粒径不均匀时减 1 分~2 分。

6.3.2 混凝土蜂窝、麻面面积每超过 1% 减 3 分;深度超过 10mm 应返工处理。

7 主体结构构件

7.1 基本要求

7.1.1 管节或管片应符合设计要求,现场按照到场批次抽检,每批抽检量不少于该批次总量的 1/3。

7.1.2 螺旋波纹钢管、环形波纹钢管及波纹钢板件应符合 JT/T 710、JT/T 791 的规定。

7.1.3 连接件应符合 GB/T 3632、GB/T 1230、GB/T 700 和 GB/T 706 的规定。

7.1.4 镀锌层厚度应满足设计要求,质量应符合 JT/T 710、JT/T 791 的规定。

7.2 实测项目

各实测项目具体检验方法见表 4~表 6。

表 4 螺旋波纹钢管实测项目

序号	项目	规定值或允许偏差	检验仪器、方法和频率	权值
1△	壁厚	GB/T 709、GB/T 2518	游标卡尺:每段检查不少于 8 点	3
2	波距	±3 mm	钢尺:每段检查不少于 3 点	2
3	波高	±3 mm	钢尺:每段检查不少于 3 点	2

表4（续）

序号	项目	规定值或允许偏差	检验仪器、方法和频率	权值
4△	钢管镀锌层厚度	≥设计厚度	采用涂层测厚仪，每段检查不少于8点	3

表5 环形波纹钢管实测项目

序号	项目	规定值或允许偏差	检验仪器、方法和频率	权值
1△	壁厚	GB/T 709、GB/T 2518	游标卡尺：每段检查不少于8点	3
2	波距	±3 mm	钢尺：每段检查不少于3点	2
3	波高	±3 mm	钢尺：每段检查不少于3点	2
4△	钢管镀锌层厚度	≥设计厚度	采用涂层测厚仪，每段检查不少于8点	3

表6 波纹钢板件实测项目

序号	项目	规定值或允许偏差	检验仪器、方法和频率	权值
1△	壁厚	GB/T 709、GB/T 2518	游标卡尺：每片检查不少于8点	3
2	波距	±3 mm	钢尺：每片检查不少于3点	2
3	波高	±3 mm	钢尺：随机抽取总数的1%，每片检查不少于3点	2
4△	钢板镀锌层厚度	≥设计厚度	采用涂层测厚仪随机抽取总数的1%，每片检查不少于8点	3

7.3 外观鉴定

7.3.1 镀锌层外观应符合 GB/T 13912 的要求。不符合要求时减1分~3分。

7.3.2 波纹钢板构件切口平直,无明显锯齿状。不符合要求时减 1 分~2 分。

8 波纹钢管(板)桥涵安装

8.1 基本要求

8.1.1 波纹钢板厚度、镀锌层厚度、波形的几何尺寸等质量检测合格后才能进行拼装。

8.1.2 波纹钢板应逐件进行镀锌层是否脱落及污染等外观检查,不符合要求的不得使用。

8.1.3 安装中损坏的波纹钢板和镀锌层脱落的波纹钢板应更换。

8.1.4 波形板片螺栓孔的排列应符合设计要求。

8.1.5 安装的波纹板片的密封材料及性能指标应符合设计要求。

8.1.6 钢质波纹管涵洞拼装用高强螺栓强度应符合 GB/T 1231 要求。

8.1.7 拼装完成经过检查合格后,管周围土体回填之前,必须进行拼装波纹板片接缝处密封及所有板件外壁防腐涂装。防腐涂装应符合设计要求,涂抹要均匀,严禁漏涂。

8.2 实测项目

各实测项目具体检验方法见表 7。

表 7 波形钢管(板)桥涵安装实测项目

序号	项目	规定值或允许偏差	检测仪器、方法和频率	权值
1△	截面形状变化	≤1%、1.5%、2%	尺量:每 20 m 检测水平垂直尺寸 1 次,不得少于 10 组	3

表 7（续）

序号	项目	规定值或允许偏差	检测仪器、方法和频率	权值
2	轴线偏位	50 mm	经纬仪：每 20 m 检测 1 次，最少 3 点	2
3	闭口截面涵底高程	± 20 mm	水准仪：每 20 m 检测 1 次，最少 3 点	2
4	涵管长度	± 50 mm	尺量或仪器测定：每道涵洞必检	1
5△	螺栓预紧力扭矩	270 N·m ~ 410 N·m	扭矩计量器：纵向和横向各随机取螺栓总数的 3%	3

注 1：表中截面形状变化是指拼装完毕后的允许偏差：①截面形状变化对于采用 68 mm × 13 mm 和 125 mm × 25 mm 波形的构造物不能超过设计孔径的 2%；②对于采用 150 mm × 50 mm 和 200 mm × 55 mm 波形的构造物不能超过设计孔径的 1.5%；③对于采用 400 mm × 150 mm 波形的构造物不能超过设计孔径的 1%；④对于其他波形按照截面刚度内差取定。

注 2：若超出预紧力扭矩范围的螺栓数大于所检查螺栓数的 10%，则必须对全部螺栓重新进行拼装。

注 3：开口截面不用检验涵底高程。

8.3 外观鉴定

8.3.1 管节应铺设直顺。不符合要求时,减 1 分 ~2 分。

8.3.2 接口表面应密实光洁,无开裂现象。不符合要求时,每处减 1 分 ~2 分。

9 波形钢板洞口

9.1 基本要求

9.1.1 波纹钢板质量、钢板厚度、镀锌层厚度、波形的几何尺寸等质量检测合格后才能进行拼装。

9.1.2 波纹钢板件现场拼装时,应满足设计要求。

9.2 实测项目

各实测项目具体检验方法见表8。

表8 波形钢板洞口实测项目

序号	项目	规定值或允许偏差	检验仪器、方法和频率	权值
1	平面位置	50 mm	经纬仪:检查墙两端	1
2	竖直度或坡度	0.5 mm	吊垂线:每墙检查2处	1
3	底面高程	±20 mm	水准仪:检查墙两端	1

9.3 外观鉴定

9.3.1 波形钢板洞口与桥涵主体波纹钢板连接处结合完好,无分离现象,连接件无明显变形现象。不符合要求时减1分~3分。

9.3.2 波形钢板表面镀锌层外观应符合 GB/T 13912 的要求。不符合要求时减1分~3分。

10 锥坡、护坡

锥坡、护坡验收按 JTG F80/1 的相关规定进行。

11 结构性回填

11.1 基本要求

11.1.1 结构性回填材料应采用透水性好的砾类土或砂类土。

11.1.2 结构物两侧应保持对称均匀、分层摊铺、逐层压实。按设计要求和施工规范规定的施工工艺回填,并做好隐蔽工程检查记录。

11.2 实测项目

各实测项目具体检验方法见表9。

表9 结构性回填过程中实测项目

项次	检查项目	规定值或允许偏差		检查仪器、方法和频率	权值
1△	回填层厚	楔形部位	150mm~200mm	尺量:回填一层检查1次,每次每侧检查5点	3
		其他部位	150mm~200mm		3
2△	压实度	楔形部位	≥96%	按JTG F80/1中的规定进行检测,每200 m每车道两处	3
		其他部位	≥96%		3
3	两侧回填高差	≤100 mm		水准仪:每层测3次	2
4	坡度	不大于设计值		尺量:检查3处	1
5	上拱与下挠	≤1%、1.5%、2%		尺量:检查3处	2

注1:回填料为砂砾(2.36mm筛分通过率大于50%),则层厚不大于150mm;回填料为均质碎石,则层厚不大于200mm。

注2:从管涵顶部到最小覆土厚度以内的上部土层压实度规定值与结构性回填部分相同。

注3:①截面形状变化对于采用68mm×13mm和125mm×25mm波形的构造物不能超过设计孔径的2%;②对于采用150mm×50mm和200mm×55mm波形的构造物不能超过设计孔径的1.5%;③对于采用400mm×150mm波形的构造物不能超过设计孔径的1%;④对于其他波形按照截面刚度内差取定。

11.3 外观鉴定

11.3.1 结构物两侧应保持对称均匀、分层填筑与压实。不符合要求时减1分~3分。

11.3.2 表面平顺,保持平整。不符合要求时减 1 分~3 分。

12 施工完成后波纹钢管(板)桥涵总体检查

12.1 基本要求

桥涵内不得遗留建筑垃圾、杂物等。

12.2 实测项目

施工完成后波纹钢管(板)桥涵总体实测项目见表 10。

表 10 施工完成后波纹钢管(板)桥涵总体检查实测项目

项次	检查项目	规定值或允许偏差	检查仪器、方法和频率	权值
1△	截面形状变化	≤2%、3%、4%、5%	收敛仪:每 20 m 检测水平垂直尺寸 1 次,量测值与设计值差值除设计值为偏差,最少不得少于 10 组	3
2	轴线偏位	50 mm	经纬仪:每 20 m 检测 1 次,最少 3 点	2

注:截面形状变化对于采用 68 mm×13 mm 和 125 mm×25 mm 波形的构造物不能超过设计孔径的 5%;对于采用 150 mm×50 mm 波形的构造物不能超过设计孔径的 4%;对于采用 200 mm×55 mm 波形的构造物不能超过设计孔径的 3%;对于采用 400 mm×150 mm 波形的构造物不能超过设计孔径的 2%;对于其他波形按照截面刚度内差取定。

12.3 外观鉴定

12.3.1 洞身顺直,进出口衔接平顺,无阻水现象。不符合要求时减 1 分~3 分。

12.3.2 帽石、一字墙或八字墙等应平直,与路基边坡保持一致。不符合要求时减 1 分~3 分。

附 录 A
（规范性附录）
分项工程质量检验评定表

表 A.1 闭口截面结构物砂（砾）垫层

序号	项目	实际得分	权值	加权得分	外观扣分	资料扣分	最终得分
1△	砂（砾）质量		3				
2△	垫层压实度		3				
3	表面平整度		2				
4	标高		2				
5	涵底纵坡（高程）		2				
6	厚度		2				

表 A.2 开口截面结构物基础

序号	项目	实际得分	权值	加权得分	外观扣分	资料扣分	最终得分
1	基础边缘距设计中心线尺寸		1				
2△	基础顶面高程		3				
3	平整度		3				
4△	混凝土强度		3				
5	混凝土厚度		2				

表A.3 波纹钢板件

序号	项目	实际得分	权值	加权得分	外观扣分	资料扣分	最终得分
1△	壁厚		3				
2	波距		2				
3	波高		2				
4△	钢板镀锌层厚度		3				

表A.4 环形波纹钢管

序号	项目	实际得分	权值	加权得分	外观扣分	资料扣分	最终得分
1△	壁厚		3				
2	波距		2				
3	波高		2				
4△	钢管镀锌层厚度		3				

表A.5 螺旋波纹钢管

序号	项目	实际得分	权值	加权得分	外观扣分	资料扣分	最终得分
1△	壁厚		3				
2	波距		2				
3	波高		2				
4△	钢管镀锌层厚度		3				

表 A.6 波纹钢管(板)桥涵安装

序号	项目	实际得分	权值	加权得分	外观扣分	资料扣分	最终得分
1△	截面形状变化		3				
2	轴线偏位		2				
3	闭口截面涵底高程		2				
4	涵管长度		1				
5△	螺栓预紧力扭矩		3				

表 A.7 波形钢板洞口

序号	项目	实际得分	权值	加权得分	外观扣分	资料扣分	最终得分
1	平面位置		1				
2	竖直度或坡度		1				
3	底面高程		1				

表 A.8 锥坡、护坡

序号	项目	实际得分	权值	加权得分	外观扣分	资料扣分	最终得分
1	砂浆强度		3				
2	顶面高程		1				
3	表面平整度		1				
4	坡度		1				
5	厚度		2				
6	底面高程		1				

表 A.9 结 构 性 回 填

序号	检查项目	实际得分		权值	加权得分	外观扣分	资料扣分	最终得分
1Δ	回填层厚	楔形部位		3				
		其他部位						
2Δ	压实度	楔形部位		3				
		其他部位						
3	两侧回填高差			2				
4	坡度			1				
5	上拱与下挠			2				

表 A.10 施工完成后波纹钢管(板)桥涵总体检查

序号	检查项目	实际得分	权值	加权得分	外观扣分	资料扣分	最终得分
1Δ	截面形状变化		3				
2	轴线偏位		2				

15

附 录 B

（规范性附录）

分部工程质量检验评定表

表B.1 分部工程质量检验评定表

分部工程名称						所属单位工程	
所属建设项目						工程部位	
施工单位						监理单位	
施工单位	分项工程					合同段	
	工程名称		质量评定			公路等级	
			实得分数	权值	加权得分	等级	
	基础或砂（砾）垫层			2			监理意见：
	主体结构构件			3			
	波纹钢管（板）桥涵安装			3			
	波形钢板洞口			1			
	锥坡、护坡			1			
	结构性回填	楔形部位		3			
		其他部位		3			
	施工完成后波纹钢管（板）桥涵总体检查			2			
	合计			18			
加权平均分						质量等级	
评定意见		签名			日期